DÉPARTEMENT DE LA SEINE

LOI DU 19 MAI 1874

SUR LE TRAVAIL DES ENFANTS ET DES FILLES MINEURES
EMPLOYÉS DANS L'INDUSTRIE

RAPPORT ANNUEL

DES COMMISSIONS. LOCALES

DU CANTON DE SCEAUX

ANNÉE 1879

DÉPARTEMENT DE LA SEINE

LOI DU 19 MAI 1874

SUR LE TRAVAIL DES ENFANTS ET DES FILLES MINEURES
EMPLOYÉS DANS L'INDUSTRIE

RAPPORT ANNUEL

DES COMMISSIONS LOCALES

DU CANTON DE SCEAUX

ANNÉE 1879

ⓒ

RAPPORT

DES 36ᵐᵉˢ COMMISSIONS LOCALES

(HOMMES ET DAMES)

A Monsieur le député, Préfet de police

SUR LEURS TRAVAUX PENDANT L'ANNÉE 1879

MONSIEUR LE PRÉFET,

Nous avons l'honneur, au nom des deux commissions locales (hommes et dames) du canton de Sceaux, et pour nous conformer aux prescriptions de la loi dont nous avons mission d'assurer le fonctionnement, de vous adresser un rapport relatant les constatations que chacun de nous a pu faire dans ses visites, ainsi que nos observations.

Tout d'abord, la commission locale d'hommes a vu partir avec regret deux de ses membres : MM. Étienne et Lapostelle, qui ont été remplacés par M. Rama, instituteur à Bourg-la-Reine, et M. Aguettant, conseiller municipal à Montrouge.

Cette commission a approuvé la création d'une commission de dames, à laquelle a été confié le soin de surveiller, dans le même canton, les ateliers composés exclusivement d'ouvrières.

Ces deux commissions se sont mises aussitôt en rapport.

Il a été décidé d'un commun accord, afin de procéder d'une manière uniforme dans leur mission, et pour joindre leurs efforts, que des réunions, auxquelles assisteraient les membres des deux commissions, auraient lieu le plus souvent possible, à la Préfecture de Police, salle du conseil d'hygiène.

La commission locale d'hommes est heureuse de pouvoir constater aujourd'hui les bonnes relations qui n'ont jamais cessé d'exister entre ces deux commissions; et, déchargée ainsi d'une partie de ses attributions, elle a suivi avec intérêt les travaux de la commission locale de dames, nouvellement constituée.

Dans notre dernière séance, nous avons jugé utile de réunir en un seul rapport les divers documents que chaque membre avait à produire chacun, de nous ayant, dans l'intérêt d'une bonne exécution, suivi la même ligne de conduite.

Les communes du canton de Sceaux ont été réparties de la manière suivante :

COMMISSIONS LOCALES DU CANTON DE SCEAUX
N° 36

COMMISSION D'HOMMES.	COMMUNES.	COMMISSION DE DAMES.	COMMUNES.
MM. **Rolland.**	Bagneux. Châtillon.	MM^{mes} **Franc.**	Sceaux. Clamart. Fontenay-aux-R.
Demogeot.	Clamart. Fontenay-aux-R.	**Rama.**	Antony. Bourg-la-Reine.
Aguettant.	Issy.		
Laurin.	Sceaux. Bourg-la-Reine.	**Aguettant.**	Bagneux. Issy.
Montagne.	Antony. Châtenay.	**Florat.**	Châtenay. Plessis-Piquet.
Naud.	Vanves. Plessis-Piquet.	**Thouroude.**	Châtillon. Vanves. Montrouge.
Rama.	Montrouge.		

Il résulte des visites faites par les membres des deux commissions, que la loi du 19 mai 1874 commence à être appliquée d'une manière relativement satisfaisante.

Nous ne pouvons qu'adresser ici nos éloges au service d'inspection.

Partout les délégués ont constaté le passage de M. l'inspecteur Combes, et de Mme Ollive, inspectrice, dans les ateliers; et la plupart des patrons ont tenu compte des instructions qui leur ont été données.

Le nombre de nos visites, pendant l'année 1879, dans les douze communes du canton de Sceaux, a été de 375, se décomposant ainsi :

Commission d'hommes . . . . . . 125 ateliers;
Commission de dames. . . . . . . 250 ateliers.

Nous croyons devoir signaler à votre haute attention, monsieur le Préfet, les observations suivantes, résultat de nos visites, et dont le service d'inspection profitera, nous en sommes certains.

M. Demogeot, secrétaire de la commission locale d'hommes, a, dans le cours de ses investigations, remarqué un fait qui nous semble digne d'un grand intérêt.

On sait que des entrepreneurs de ramonage, industriels ambulants, font profession d'exploiter des jeunes enfants de 8 à 12 ans. Il paraît que c'est surtout dans les communes suburbaines qu'ils exercent aujourd'hui leur industrie.

Ils forcent ces pauvres petits à leur rapporter, chaque soir, un franc, recueilli sou par sou à l'aide de la mendicité; et ils les maltraitent cruellement, quand il manque quelque chose à la recette.

Cet abus appelle de la part de MM. les inspecteurs la surveillance et, s'il se peut, la répression.

La statistique des ateliers établie par les soins de l'administration porte, comme soumis à la loi du 19 mai 1874, les maraî-
chers.

M. Aguettant a trouvé chez ceux-ci, très nombreux dans la
commune d'Issy, un certain mauvais vouloir. Plusieurs d'entre
eux emploient leurs propres enfants. La loi peut-elle, dans ces
conditions, leur être applicable?

M. Rolland recommande au service d'inspection de surveiller
les fabricants de briques, qui sont en grand nombre dans les
plaines de Bagneux et Châtillon. Ils emploient aussi des enfants, et travaillent dans les champs; ce qui leur a permis
d'échapper plus facilement à la loi.

En ce qui concerne la statistique des ateliers, M. Rama pense
que pour la compléter et la rectifier, ce qui aujourd'hui est chose
nécessaire, l'administration pourrait utilement s'adresser à
MM. les maires, plus que tout autre, au courant des mouvements
dans leurs communes.

Déjà M. le maire d'Issy s'est offert pour fournir tous les
renseignements à ce sujet; et certainement une demande de
rectification, adressée par la voie officielle, serait bien accueillie
par MM. les maires du canton de Sceaux.

M. le Président et Mme la Présidente ont reçu les instructions
imprimées, les exemplaires de la loi, en placards, et les feuilles
d'inscription que la commission supérieure départementale a

cru devoir faire distribuer gratuitement aux industriels, par les membres des commissions locales seulement.

Nous nous permettrons, monsieur le Préfet, de trouver ce mode de distribution peu praticable dans nos communes.

Une très grande difficulté se présente tout d'abord : c'est l'absence de membres des commissions locales dans certaines communes. L'industriel, malgré sa bonne volonté, reculera toujours devant un dérangement et surtout une perte de temps très préjudiciable à ses intérêts; alors qu'il serait très facile de prier MM. les maires de tenir à la disposition des industriels de leur commune quelques feuilles d'inscription et quelques exemplaires de la loi.

Le moyen que nous osons vous proposer est le plus sûr, croyons-nous, et le plus simple, pour atteindre d'une manière rapide, et sans aucune difficulté, le but que le conseil général et la commission supérieure départementale se sont proposé : la prompte application de la loi dans le département de la Seine.

Le dépôt officiel dans les mairies et la délivrance, par elles, des documents dont il s'agit, ne dispenseraient pas les membres des commissions locales d'en compléter la distribution lors de leurs premières visites.

En outre, le service d'inspection ne pourra qu'applaudir à la prise en considération de ce vœu; car aujourd'hui l'inspecteur, qui doit dans ses visites faire connaître à l'industriel les prescriptions de la loi et lui donner en même temps les indications pour en faciliter l'application, se voit forcé d'envoyer cet industriel au domicile d'un membre de commission locale, pour obtenir la loi et la feuille d'inscription, que l'on exige de lui.

De là toutes sortes de difficultés.

Ce serait, du reste, se conformer à l'esprit de la loi : ne délivre-t-on pas dans les mairies les livrets d'enfants et les visas de certificats d'instruction primaire?

M. Demogeot a trouvé, à ce sujet, auprès de MM. les maires de Fontenay-aux-Roses et de Clamart un excellent accueil qu'il se plaît à reconnaître.

« Dans ces deux communes, dit l'honorable membre, j'ai tâché de faciliter aux patrons l'accomplissement des conditions qui leur étaient imposées. J'ai porté moi-même, aux deux mairies, un nombre suffisant d'affiches et de feuilles-registres, et j'ai prié MM. les maires de faire annoncer à son de caisse que *les personnes qui emploient comme apprentis ou comme ouvriers des garçons au-dessous de 16 ans ou des filles mineures, sont invitées à se présenter aux bureaux de la mairie pour y recevoir gratuitement les affiches et les feuilles d'inscription que la loi les oblige à se procurer.* J'ai lieu de croire que cette mesure a pu avoir quelque utilité. »

A Bourg-la-Reine, le même dépôt a été fait à la mairie, par M. Rama ; à Antony et à Châtenay, par M. Montagne.

Les deux commissions locales du canton de Sceaux ont eu à discuter, dans leurs réunions, l'importante question de l'instruction à donner aux apprentis, et à rechercher les moyens pour leur faciliter la fréquentation des écoles.

Beaucoup d'enfants, munis du livret prescrit par l'article 10, possèdent également leur certificat d'école ; mais souvent, et nous le regrettons, cette pièce n'est pas rédigée d'une manière exacte et uniforme.

Voici un modèle de certificat qui pourrait être délivré uniformément par tous les maîtres d'école :

ÉCOLE COMMUNALE { DE GARÇONS
                  DE FILLES

RUE_____

~~~

Je, soussigné,

Vu les articles 8 et 9 de la loi du 19 mai 1874, relative au travail des enfants employés dans l'industrie,

Certifie que le nommé _____
né le _____ *à* _____
département d _____ *est entré le* _____
à l'école communale, située rue _____
à _____ *et qu'il en est sorti le* _____
ayant reçu l'instruction primaire élémentaire (lecture, écriture, les trois premières règles de l'arithmétique et la connaissance pratique du système métrique).

Paris, le _____

LE DIRECTEUR DE L'ÉCOLE,

Le Maire de _____ *certifie véritable la signature de M* _____

Paris, le _____

Quelle que soit la solution donnée par la commission supérieure départementale et par l'administration à la question des écoles, M. Rolland ne pense pas que la création des classes de demi-temps soit très pratique.

Ce que l'on peut faire à ce sujet à Paris, semble offrir quelques difficultés dans les communes suburbaines, où les ateliers fabriques, etc., sont situés à une trop grande distance du centre des habitations et des établissements scolaires.

Le temps qu'il serait possible d'accorder aux classes de demi-temps serait totalement absorbé par les déplacements pour s'y rendre et en revenir. Cette interruption dans le travail de la journée serait en outre une gêne pour les patrons.

Les cours du soir seraient certainement suffisants, si les patrons par une surveillance sérieuse obligeaient leurs apprentis à y assister assidûment.

Mme Thouroude nous apprend que toutes les apprenties et ouvrières interrogées par elle, afin de connaître leur degré d'instruction, ont fait des réponses assez satisfaisantes, excepté sur le système métrique, qui d'après elle est très négligé.

La déléguée exprime le désir de voir créer au centre de chaque canton une école professionnelle, ou dans chaque école communale une classe professionnelle.

M. Naud cite comme modèles les établissements de MM. Gauger, fabricant d'encre d'imprimerie, et Pelletier frères, fabricants d'instruments de chirurgie, à Vanves, qui ont tout mis en œuvre pour obliger leurs nombreux apprentis à fréquenter les cours du soir.

La musique y est enseignée.

Ils ont enfin dépassé le maximum d'instruction exigé par la loi, et des gratifications mensuelles sont accordées d'après les bonnes notes délivrées par le directeur des cours du soir.

Plusieurs visites ont été faites à Bourg-la-Reine et à Sceaux par M. Laurin, qui a constaté un bon fonctionnement et un bon vouloir de la part des patrons. Il signale avec plaisir l'imprimerie de M. Charaire, où l'on emploie beaucoup d'enfants, qui suivent aussi un cours de plusieurs heures, fait dans l'établissement aux frais de M. Charaire.

Mme veuve Franc, institutrice à Fontenay-aux-Roses et présidente de la commission locale de dames du canton de Sceaux, s'est offerte spontanément à ouvrir une classe de demi-temps, gratuite, pour les jeunes filles travaillant dans sa commune.

Les membres des deux commissions ont chaleureusement félicité Mme Franc de son zèle et du dévouement si désintéressé qu'elle montrait en faveur de l'instruction de la classe ouvrière, laissant cependant le soin à l'administration de mettre à profit l'offre si gracieuse de leur collègue.

Une prescription de la loi, qu'il sera difficile de faire mettre en pratique, est celle relative au travail du dimanche.

Si l'on veut que sur ce point la loi soit rigoureusement observée, il faudra que M M. les inspecteurs, armés seuls du droit de verbaliser, se transportent dans les communes rurales, le dimanche matin. Il ne leur sera pas difficile de trouver matière à leurs investigations.

Dans les communes de Châtillon et de Vanves, beaucoup d'industriels, surtout les blanchisseuses, n'emploient pas de jeunes filles au-dessous de 16 ans, et ont déclaré à Mme Thouroude ne plus vouloir en occuper.

La même observation a été faite à Mme Franc par 29 blanchisseuses sur 37, à Clamart.

Mme Rama signale un atelier de blanchisseuse où une enfant de 13 ans travaille de 8 heures du matin à 7 heures du soir, ayant seulement une heure de repos dans la journée pour son déjeuner.

Cette enfant ne possède ni certificat ni livret. La déléguée faisant observer à la patronne que cette apprentie était trop jeune pour travailler ainsi, étant d'ailleurs de frêle apparence, celle-ci répondit « qu'elle n'avait point d'ouvrières pour les garder à rien faire; à cet âge, les enfants doivent déjà gagner pour leurs parents. » Étrange abus, et exploitation des enfants par leurs parents d'abord, et par leurs patrons ensuite.

M^{mo} Florat, qui a visité les communes de Châtenay et du Plessis-Piquet, fait connaître que, sauf quelques exceptions, tout était en règle.

Les sœurs de Saint-Vincent-de-Paul, visitées préalablement par Mme l'inspectrice, se sont conformées entièrement à la loi.

A Fontenay, les sœurs de Saint-Vincent-de-Paul ont déclaré ne plus tenir d'ouvroir.

Les sœurs de Saint-Vincent-de-Paul, place Montebello, 2, à Bourg-la-Reine, assurent qu'elles n'ont plus d'ouvroir.

Les sœurs de Notre-Dame-du-Calvaire possèdent, à Bourg-la-Reine, un établissement de sourdes-muettes, dit ouvroir. Les pensionnaires ont tous les âges, depuis 4 ans jusqu'à 60 ans. Aucune loi n'est affichée; pas de livrets. Elles ont promis de se conformer au plus tôt à la loi.

L'établissement des Filles-de-la-Croix, à Sceaux, qui occupe 28 jeunes filles, est tout à fait en règle et l'atelier parfaitement tenu.

Nous nous empressons de vous remercier, monsieur le Préfet, de toute l'activité que votre administration a mise à nous transmettre les divers documents ainsi que les renseignements qui devaient nous faciliter la tâche que nous nous étions imposée,

et à nous aider à vulgariser la loi si morale et si salutaire qui
nous occupe.

Nous ne devons pas oublier la commission supérieure départementale placée près de vous, et surtout M. de Hérédia, dont
MM. les présidents et secrétaires des 76 commissions locales se
sont plu à reconnaître le dévouement à la cause du travail des
enfants employés dans l'industrie, en le nommant président de
leurs réunions générales.

Il nous reste, monsieur le Préfet, avant de terminer ce rapport, à vous exprimer quelques vœux qui nous paraissent offrir
un certain intérêt, et que nous serions heureux de voir prendre
en considération.

Ce ne sera pas outre-passer nos droits, croyons-nous, que de
réclamer l'adjonction à la commission supérieure départementale de six présidents et de six présidentes de commissions locales, qui, à tour de rôle, assisteraient, avec voix délibérative, à
chaque réunion de cette commission.

Nous avons cru, monsieur le Préfet, qu'il nous suffirait
d'appeler votre attention sur ce point, pour que vous prissiez, à
ce sujet, l'avis du conseil général.

Le rôle de la commission supérieure départementale étant
d'étudier, de discuter et de résoudre tout ce qui a trait à l'application de la loi du 19 mai 1874, il est du plus grand intérêt que
toutes les questions, avec leurs solutions, traitées dans les réunions périodiques de la commission, soient portées à la connaissance des membres des commissions locales, qui pourront ainsi
se rendre compte de la suite donnée aux vœux et aux observations qu'ils auront adressés. En conséquence, nous demandons
que le procès-verbal de chaque séance de la commission supé-

rieure départementale, ou du moins un extrait du procès-verbal,
soit autographié et transmis à tous les membres des commissions locales.

Nous espérons que votre administration, qui n'a rien négligé
jusqu'ici pour renseigner les commissions locales dans l'accomplissement de leur mission, va leur envoyer régulièrement une
copie des instructions adressées au personnel de l'inspection.
L'extrait des procès-verbaux des séances de la commission
départementale compléterait très utilement ces indications.

Il est aussi une autre question, monsieur le Préfet, que nous
vous prions de soumettre, dans sa plus prochaine réunion, à la
commission supérieure départementale : il s'agit de la somme de
200 francs, que le conseil général dans sa libéralité et pour montrer tout l'intérêt qu'il porte à cette œuvre, a allouée à chacune
des commissions locales.

Votre administration exige des formalités nombreuses pour
rembourser les sommes que nous avons pu avancer pour le service de nos commissions. Ne serait-il pas possible d'obtenir du
conseil général que cette somme de 200 fr. soit mise par semestre à la disposition du président, sur la seule production d'une
délégation signée par la majorité des membres de la commission
locale, et portant autorisation de toucher cent francs à la condition d'en justifier l'emploi seulement à la commission?

Tels sont, monsieur le Préfet, les vœux que nous prenons la
liberté de vous soumettre, et les renseignements que vous avez
demandés aux deux commissions locales du canton de Sceaux
sur leur mission en 1879.

Heureux, si nous avons pu, dans nos faibles moyens,

apporter l'appui que le législateur attend des commissions locales, pour défendre les jeunes enfants placés sous sa tutelle, appui que nous sommes tout disposés à continuer et sur lequel vous pouvez, monsieur le Préfet, toujours compter.

Veuillez agréer, monsieur le Préfet, l'expression de nos sentiments les plus respectueux.

Les Secrétaires-Rapporteurs,

Mme RAMA,

M. DEMOGEOT.

Les Présidents,

Mme Vve FRANC,

M. ROLLAND.

Le présent rapport a été approuvé par tous les membres des commissions locales (hommes et dames) du canton de Sceaux, dans la séance du 19 mars 1880.

Sceaux. — Imp. Charaire et fils.